Produtividade no trabalho

Harvard Business Review Press

SUA CARREIRA EM 20 MINUTOS

Produtividade no trabalho

SEXTANTE

Título original: *Getting Work Done [HBR 20-Minute Manager Series]*
Copyright © 2014 por Harvard Business School Publishing Corporation
Copyright da tradução © 2023 por GMT Editores Ltda.
Publicado mediante acordo com a Harvard Business Review Press

Todos os direitos reservados. Nenhuma parte deste livro pode
ser utilizada ou reproduzida sob quaisquer meios existentes
sem autorização por escrito dos editores.

tradução: Bruno Fiuza
preparo de originais: Raïtsa Leal
revisão: Luis Américo Costa e Pedro Staite
diagramação: Gustavo Cardozo
capa: Rodrigo Rodrigues
impressão e acabamento: Lis Gráfica e Editora Ltda.

CIP-BRASIL. CATALOGAÇÃO NA PUBLICAÇÃO
SINDICATO NACIONAL DOS EDITORES DE LIVROS, RJ

P956

Produtividade no trabalho / Harvard Business Review ; tradução
Bruno Fiuza. - 1. ed. - Rio de Janeiro : Sextante, 2023.
112 p. ; 18 cm. (Sua Carreira em 20 Minutos)

Tradução de: Getting work done
ISBN 978-65-5564-718-1

1. Administração do tempo. 2. Produtividade. 3. Desempenho. I.
Harvard Business Review (Firma). II. Fiuza, Bruno. III. Série.

23-85330

CDD: 650.11
CDU: 005.962.11

Meri Gleice Rodrigues de Souza - Bibliotecária - CRB-7/6439

Todos os direitos reservados, no Brasil, por
GMT Editores Ltda.
Rua Voluntários da Pátria, 45 – Gr. 1.404 – Botafogo
22270-000 – Rio de Janeiro – RJ
Tel.: (21) 2538-4100 – Fax: (21) 2286-9244
E-mail: atendimento@sextante.com.br
www.sextante.com.br

Sumário

Apresentação 7

Por que investir tempo para melhorar a produtividade? 11
Comprometa-se com a mudança 13

Identifique o que precisa ser feito 19
Liste suas metas 19
Mantenha o controle do seu tempo 20

Elabore um cronograma 29
Estabeleça prioridades 29
Use os prazos a seu favor 33
Monte um cronograma das tarefas 36
Crie uma lista de tarefas do dia 40

Encontre seu foco 45
Organize o espaço 45
Organize o e-mail 48

Desenvolva uma rotina inteligente   51

Mantendo os bons hábitos   59
    Pare de procrastinar   59
    Evite interrupções   63
    Trabalhe menos   69

Colabore de forma eficiente   73
    Aprenda a dizer não   74
    Delegue   76
    Peça ajuda   80
    Torne as reuniões mais produtivas   83
    Torne o trabalho virtual mais eficaz   85

Avalie seu progresso   93
    Reflita e ajuste   93

Saiba mais   97
Fontes   103

Apresentação

As demandas sobre o seu tempo crescem a cada hora, e o trabalho não para de se acumular. Metas pouco claras, interrupções constantes e tarefas urgentes competem entre si por atenção; você sabe que está trabalhando com menos eficiência do que poderia. Este livro ensina a ter mais foco e organização no trabalho, para que você possa aumentar sua produtividade, ao mostrar como:

- Estabelecer prioridades.

- Criar listas de tarefas que funcionam.

- Organizar os espaços de trabalho físico e virtual.

- Desenvolver uma rotina diária – e cumpri-la de maneira eficaz.
- Manter o foco e parar de procrastinar.
- Trabalhar de forma mais eficiente com outras pessoas.
- Avaliar seu progresso.

Por que investir tempo para melhorar a produtividade?

Por que investir tempo para melhorar a produtividade?

Você se sente tão sobrecarregado de trabalho que não sabe nem por onde começar? Por mais que esteja ciente de que é essencial trabalhar com eficiência para garantir que tudo seja feito, esses sentimentos podem ser paralisantes e fazer com que você entre em pânico, o que na prática diminui a produtividade. Como sair desse ciclo e pôr mãos à obra?

Este livro começa destacando os fundamentos da gestão do tempo: como estruturar, priorizar e documentar o trabalho para que você possa ver onde estão as ineficiências e quando as metas não estão sendo alcançadas. Em seguida, mostra como montar um cronograma e criar listas de tarefas úteis, organizar os espaços virtual e físico para melhorar o foco, aprender melhores hábitos e rotinas, e trabalhar de forma mais eficaz em parceria com outras pessoas.

Sua primeira reação pode ser a de se rebelar contra esses esforços. Você já não tem nenhum tempo de sobra; por que gastaria ainda mais tempo fazendo listas, planejando e executando mudanças em seus hábitos de trabalho e analisando seu progresso? Embora melhorar a produtividade exija tempo e esforço no começo, você vai concretizar mais coisas a longo prazo – e fará isso de forma mais consciente e tranquila. Ao manter o controle do tempo, vai descobrir ineficiências que o ajudarão a identificar tarefas que devem ser priorizadas ou delegadas; ao se tornar mais organizado, vai eliminar as distrações para que possa parar de procrastinar e, finalmente, se concentrar; ao ajustar seus hábitos de trabalho e estabelecer novas rotinas, vai descobrir uma nova energia a ser empregada nos trabalhos que importam; e, ao avaliar seu progresso ao longo do tempo, vai poder ajustar a forma como trabalha à medida que suas metas evoluem.

Comprometa-se com a mudança

É importante acreditar que você pode se tornar mais organizado, mudar seus hábitos de trabalho e melhorar sua eficiência. Talvez você acredite que nasceu para trabalhar de determinada forma ou que se acostumou tanto com seu modo de trabalhar que fica impossível mudar – que ou a pessoa é matutina ou não é; que ou ela é organizada ou funciona melhor no caos e na desordem. Só que isso não é verdade. É possível aprender bons hábitos e, melhor ainda, integrá-los à rotina.

No mundo atual da comunicação instantânea, somos sugados pela urgência. Ela nos atrai e nos dá uma falsa sensação de produtividade (veja o quadro "Sobrecarregado não significa produtivo", a seguir). Entretanto, implementar sistemas para organizar o trabalho ajuda a dissipar o estresse e permite que você trabalhe com mais planejamento, foco e energia. E, o mais importante, vai fazer com que haja tempo e atenção disponíveis para o trabalho mais relevante, aquele que de fato contribui para que você alcance suas metas pessoais e aquelas que a empresa definiu para você.

SOBRECARREGADO NÃO SIGNIFICA PRODUTIVO

Você se pega correndo de reunião em reunião, respondendo a e-mails enquanto anda pelos corredores e se concentrando em tarefas rotineiras para ter a sensação de que está concluindo alguma coisa? Se a resposta for sim, talvez você não seja tão produtivo quanto pensa.

É hora de fazer um balanço do seu trabalho e das suas prioridades. A sobrecarga pode ser uma forma perigosa de compensar a falta de sentido ou a sensação de que você não se encaixa bem em determinado cargo, função ou empresa. Você pode fazer um cronograma do dia, no intuito de que você e os outros enxerguem seu valor, mas estar sobrecarregado pode impedi-lo de alcançar seu verdadeiro potencial. Admita para si mesmo que talvez seja hora de melhorar sua maneira de trabalhar.

Para entender de verdade qual trabalho é mais importante e como se tornar mais eficiente, você precisa primeiro identificar suas metas e a forma como está gastando seu tempo atualmente. Esse vai ser nosso ponto de partida.

Identifique o que precisa ser feito

Identifique o que precisa ser feito

Quais são suas metas em relação ao trabalho? Sua forma de utilizar o tempo se correlaciona de fato com essas metas? Sem responder a essas perguntas, é impossível saber como priorizar, organizar e concluir as inúmeras tarefas da sua lista.

Liste suas metas

O ideal é que você e seu gerente façam uma reunião no início de cada ano para formular um conjunto de metas de desempenho. A partir dessa conversa, é preciso que você compreenda como essas metas se relacionam com as metas e a missão da empresa. Você provavelmente também tem suas metas pessoais de carreira. Juntas, elas podem ser algo como: "Aprimorar minhas habilidades de gerenciamento de pessoas. Gerenciar seis novos produtos. Lidar com contratos para todos os novos produtos do departamento. Desenvolver habilidades de gerenciamento de fornecedores."

Revisite-as agora e anote essas metas – no papel ou em um aplicativo de anotações, onde preferir. Você vai utilizar essas metas de duas maneiras: primeiro, para priorizar o trabalho diário; segundo, para avaliar seu progresso (em outras palavras, para analisar o que está concretizando e avaliar se as mudanças que fez com base neste livro estão sendo eficazes para você). Ao consultar essa lista regularmente, você vai poder identificar quais são as tarefas mais importantes às quais deve se dedicar para que consiga se planejar de forma adequada.

Mantenha o controle do seu tempo

Depois de identificar suas metas, é hora de examinar como você está usando o tempo. Você está trabalhando nas coisas que *deveria*

– aquelas que permitirão que você alcance suas metas – ou está atolado em tarefas não relacionadas ou em crises imprevistas?

Para entender em que você está usando seu tempo e identificar se deve ou não ajustar sua carga de trabalho, documente o trabalho por duas semanas completando o exercício a seguir. Você pode descobrir que seus resultados não estão alinhados com suas metas. O objetivo é descobrir em que ponto esse descompasso acontece para poder corrigi-lo.

Primeiro, enumere suas atividades. Encare isso como uma descarga mental e não deixe de anotar nada. Liste todas as tarefas que você executa, as reuniões de que participa e até o tempo que passa socializando ou procrastinando no trabalho. Pode ser válido olhar para trás no calendário, para a última ou as duas últimas semanas, para ter uma noção de sua gama de atividades. Depois de elaborar uma lista completa, divida-a em categorias abrangentes para poder acompanhar a quantidade de tempo que usa em cada uma delas. Entre as categorias a serem consideradas estão:

- *Responsabilidades fundamentais*: tarefas

do dia a dia que constituem o cerne do seu trabalho.

- *Crescimento pessoal*: atividades e projetos que você considera significativos e valiosos, mas que podem não fazer parte das suas responsabilidades diárias.

- *Gestão de pessoas*: seu trabalho com outras pessoas, incluindo subordinados diretos, colegas e até superiores.

- *Crises e incêndios*: interrupções e questões urgentes que surgem às vezes, de forma inesperada.

- *Tempo livre*: horário de almoço e tempo gasto escrevendo mensagens pessoais, navegando na internet ou nas mídias sociais.

- *Tarefas administrativas*: tarefas necessárias que você executa todos os dias, como assinar folhas de ponto e faturas ou elaborar relatórios de despesas.

Ver o trabalho dividido em categorias dessa forma ajuda a visualizar como o tempo é gasto de fato, e talvez você já esteja reparando se isso está alinhado ou não com as metas que você identificou.

Portanto, analise seu tempo. Depois de estabelecer suas categorias, comece a documentar quanto tempo é gasto com tarefas de cada uma delas. Você pode fazer uma estimativa por hora ou, se quiser se aprofundar em seus hábitos, pode ser mais minucioso. Para registrar os resultados, use uma ferramenta on-line de controle do tempo ou uma agenda padrão. Para analisar esses resultados, use uma planilha, como a mostrada na página seguinte. Crie uma coluna para cada categoria e escreva os dias da semana em cada linha. Registre o tempo dedicado a cada tarefa de cada categoria pelas duas semanas seguintes e anote os totais nos espaços correspondentes.

TABELA 1

Ferramenta de controle do tempo

Semana terminada em 14/abril	Responsabilidades fundamentais	Crescimento pessoal	Gestão de pessoas	Crises e incêndios	Tempo livre	Tarefas Administrativas	Tempo total/dia
Segunda-feira	2 horas	1 hora	3 horas	0 hora	0 hora	2 horas	8 horas
Terça-feira	3	1	4	0	0	2	10
Quarta-feira	7	0	0	1	0	2	10
Quinta-feira	0	3	3	0	0	2	8
Sexta-feira	1	2	0	1	3	2	9
Tempo total/ atividade	13 horas	7 horas	10 horas	2 horas	3 horas	10 horas	45 horas
% de tempo	29%	16%	22%	4%	7%	22%	100%

A essa altura, você deve estar pensando: "Já estou sobrecarregado. Não tenho tempo para registrar tudo o que eu faço." É verdade: esse sistema requer um investimento inicial de tempo e esforço.

No entanto, registrar suas tarefas e o tempo que você leva para concluí-las vai permitir que você veja com clareza onde está gastando tempo demais e onde precisa começar a dedicar mais tempo para atingir suas metas. Se quer aprimorar suas habilidades de gestão de pessoas, por exemplo, pode perceber que dedicar 10 horas semanais a isso não basta; talvez você precise delegar algumas tarefas administrativas para ter o tempo extra necessário a essa meta. Ao fazer pequenas mudanças conscientes na forma como passa o dia, você se certifica de estar investindo a quantidade certa de tempo nas tarefas mais importantes, aumentando sua eficiência na busca por suas metas.

Elabore um cronograma

Elabore um cronograma

Agora que você sabe quais são suas metas e identificou a que tarefas pode ter que dedicar mais ou menos tempo, é hora de lidar com sua lista de tarefas – todas as prioridades, os projetos e as atividades concorrentes que você precisa concluir em um futuro próximo. Primeiro identifique o trabalho mais importante que você precisa realizar. Depois descubra em que momento você deve executá-lo.

Estabeleça prioridades

Percorra sua lista de tarefas – tudo o que você precisa fazer e que anotou em post-its, cadernos ou lembretes enviados por e-mail para si mesmo – e defina o que é mais importante e o que é mais urgente.

Sem uma forma clara de distinguir o trabalho importante do trabalho não tão importante, é provável que você trate todos os itens da sua lista e todas as demandas que surgem como urgentes. Mas "urgente" e "importante" são coisas diferentes. Ao manter o foco nas metas que listou, você vai ser capaz de identificar aquilo que *parece* urgente, mas na verdade não é.

E-mails em que o remetente exige uma resposta imediata (mas sem uma razão específica para isso), projetos que parecem curtos mas acabam tomando mais tempo e tarefas simples que são apenas mais atrativas do que outras coisas que você precisa fazer – essas atividades costumam se apresentar como inadiáveis, mesmo que não sejam.

Resista à tentação de se dedicar primeiro a essas tarefas. Alguns casos – uma solicitação do seu chefe com um prazo apertado – podem realmente exigir sua atenção imediata. Outros podem esperar até que você tenha concluído o trabalho mais importante. Avalie cada item em sua lista de tarefas com base na importância – quanto a tarefa se alinha com as metas que você identificou e com a forma como deseja utilizar o tempo – e determine sua verdadeira urgência com base nas quatro classificações a seguir, definidas pela primeira vez pelo especialista em produtividade Stephen Covey.

1. *Urgente e importante.* São as crises que você precisa resolver e os prazos que você precisa cumprir – um problema com um produto sob sua supervisão, o site que você ajuda a manter ou um grande cliente que você atende, por exemplo. Devem ser sempre sua maior prioridade.

2. *Importante, mas não urgente.* Essas tarefas têm um alto impacto sobre você ou sua empresa, mas não são necessariamente sensíveis quanto ao prazo. É provável que tenham uma relação íntima com suas metas: o domínio de uma nova habilidade ou a participação em um grande projeto, por exemplo. Como não são urgentes, você pode acabar não dedicando tempo suficiente a elas, e é por isso que deve classificá-las como sua prioridade número dois.

3. *Urgente, mas não tão importante.* Essas tarefas precisam ser concluídas rapidamente, mas provocam um impacto menor se forem concluídas com atraso ou mesmo se nunca forem feitas. Quando estiver analisando se algo não é tão importante, certifique-se de levar em conta o impacto potencial não apenas em você, mas também no seu grupo ou na sua empresa. Essas devem ser sua terceira prioridade.

4. *Não urgente e não tão importante.* São as tarefas que não requerem atenção imediata e não são urgentes. Devem ser a última prioridade. (Consulte a seção "Aprenda a dizer não", adiante, para saber mais sobre como perceber que não é hora de aceitar novas tarefas propostas por colegas.)

Ao priorizar suas tarefas dessa forma, você consegue identificar o que precisa ser concluído primeiro e o que pode ser deixado para depois. Isso será útil quando você começar a definir prazos reais para o trabalho e a decidir em que momento vai executar quais tarefas.

Você também vai começar a enxergar de quais trabalhos consegue de fato dar conta e o que pode – e deve – delegar a outras pessoas. (Consulte a seção "Delegue", na página 76.) Os itens de prioridade mais baixa geralmente são aqueles que podem ser delegados. Esse é o caminho mais rápido para liberar tempo na sua rotina, que pode ser dedicado a um trabalho mais importante.

Use os prazos a seu favor

Agora que você tem noção de quais tarefas são mais importantes e precisam ser feitas primeiro (ou por último), é hora de pensar na quantidade de tempo necessária para executá-la.

Ao planejar qualquer tipo de projeto (mesmo um que não tenha prazo determinado), defina datas de conclusão realistas, coerentes. Prazos exercem pressão sobre todos os envolvidos, mas também são cruciais para o andamento de um projeto. Algumas de suas tarefas podem ter um prazo já estabelecido – um relatório que deve ser entregue ao meio-dia de sexta-feira, por exemplo. Mas, para outras, você não deve ter medo de definir seus próprios prazos e se comprometer com eles de acordo com as prioridades definidas anteriormente.

Ao definir um prazo, divida o projeto em tarefas gerenciáveis e estime quanto tempo cada etapa deve levar. Isso o ajuda a alocar a quantidade adequada de tempo a cada tarefa. Leve em conta quanto tempo você levou para concluir uma tarefa semelhante no passado, pense no que pode não sair conforme o planejado e reserve um tempo no cronograma para uma mudança de curso imprevista. Se o projeto for novo para você, peça ajuda a alguém que já tenha trabalhado em um semelhante. Você tem como compartilhar suas estimativas com a gerência para obter feedback? Está trabalhando com outro colega ou com um fornecedor externo que possam ajudá-lo a avaliar a alocação de tempo? Fazer essas perguntas com antecedência ajuda a assegurar que o tempo que está sendo reservado para cada tarefa é realista.

Dividir um projeto maior em partes menores com seus próprios prazos garante que você terá o tempo adequado para cada etapa; esses prazos intermediários também vão ajudá-lo a evitar deixar a maior parte do projeto para a última hora. Você vai experimentar uma sensação de realização ao concluir cada etapa de acordo com seu cronograma e vai evitar o pânico avassalador que o consome quando deixa algo para os minutos finais.

Embora os prazos ajudem a concluir o trabalho em tempo hábil, eles também podem trazer pressões e frustrações, cobrando um preço quando não são realistas. Portanto, faça todos os esforços possíveis para evitar a pressão extrema de não ter alocado tempo adequado a determinada tarefa. Dê a si mesmo o tempo necessário, sobretudo se você precisa explorar novas ideias ou pensar de forma criativa.

Dito isso, é tentador dar a si mesmo um tempo extra para evitar uma pressão ainda maior, mas estender prazos artificialmente não funciona. Quando você faz isso, perde a motivação, procrastina e não sobra tempo para reagir caso algo não saia conforme o planejado. Depois de definir um prazo, cumpra-o. Estendê-lo apenas para conceder mais tempo a si mesmo terá um efeito cascata no restante do cronograma. Seja honesto em relação ao trabalho para criar um cronograma realista e depois siga-o.

Anote os prazos de cada tarefa na agenda. Mesmo que você tenha todos registrados em um plano de projeto à parte, por exemplo, ainda é útil ser lembrado deles diariamente. Você vai conseguir visualizar rapidamente se está sobrecarregado e terá um lembrete das etapas seguintes à medida que forem se aproximando.

Monte um cronograma das tarefas

Agora que você sabe qual trabalho precisa ser feito e atribuiu prazos para sua conclusão, precisa decidir quando vai executá-lo de fato. Você deve revisar isso regularmente – no início de cada semana, por exemplo, mas também todos os dias, ao chegar pela manhã ou antes de voltar para casa, a fim de levar em conta as novas tarefas e o que foi produzido naquele dia.

Ao observar cada um dos prazos que você definiu e a agenda, determine quando o trabalho será feito – você vai escrever o texto de marketing às três horas da tarde de quarta-feira, por exemplo. Registrar essas atividades diretamente na agenda vai ajudar você a visualizar com rapidez se todas as tarefas são realizáveis dentro do prazo disponível para concluí-las. Os projetos também vão parecer menos assustadores se forem distribuídos e atribuídos a dias específicos.

Ao montar o cronograma:

- Agende suas tarefas mais trabalhosas e importantes para o começo do dia. É quando você está com ânimo e energia e ainda não foi interrompido por outras demandas pontuais. Encare essas tarefas difíceis primeiro e você vai experimentar uma sensação de realização que o ajudará a concluir as tarefas menos penosas relacionadas aos demais compromissos do dia.

- Da mesma forma, tenha em mente seus níveis de energia ao longo do dia. Intercale tarefas difíceis com outras mais fáceis, para se recompensar por ter concluído as mais complicadas e dar a si mesmo uma pausa mental.

- Se você tiver várias tarefas semelhantes que precisam ser feitas em determinada semana, tente agrupá-las – faça todos os relatórios de viagem ou a emissão de faturas num intervalo de uma hora, por exemplo. Riscar todas essas tarefas de uma tacada só é gratificante e ajuda você a cumprir os prazos com mais facilidade. Também minimiza a alternância entre tarefas de diferentes tipos, o que pode prejudicar a eficiência.

Ao anotar as tarefas na agenda, você logo vai perceber que não existem horas suficientes em um dia para dar conta de tudo o que gostaria. Esse exercício obriga você a priorizar as tarefas mais importantes e a encaixar nos espaços disponíveis em outros dias as menos importantes.

Em alguns casos, porém, pode ser que ainda haja itens em sua lista que não entraram na agenda, tarefas que você tem a sensação de estar adiando todos os dias ou todas as semanas, sem nunca chegar a elas. Às vezes, elas são de natureza administrativa, como a criação de um novo sistema de arquivamento para os contratos de fornecedores, ou estão relacionadas a metas de longo prazo, como um brainstorming para um novo produto. Reserve um momento para revisar essas tarefas e decidir como agir em relação a cada uma delas:

1. *Faça tudo logo.* Não seria ótimo riscar essa tarefa da sua lista, mesmo que ela nunca

apareça como prioridade? Se for esse o caso, basta fazê-la e seguir em frente. Responda àquele correio de voz, cancele uma reunião ou compre logo aquela passagem. Então passe para o trabalho mais importante.

2. *Agende a tarefa para mais tarde.* Você chegou à conclusão de que a tarefa não requer atenção imediata, que não tem como executá-la rapidamente, mas mesmo assim ela precisa ser feita. Anote-a na agenda para uma data adiante e ajuste os prazos relacionados de acordo com essa mudança. A tarefa nunca será feita se você não agendá-la, e, mesmo que isso signifique programá-la para daqui a um mês, faça isso. Quando esse dia chegar, você pode repensar.

3. *Elimine a tarefa.* Se você não estiver disposto a concluir a tarefa nem a agendá-la para depois, talvez isso signifique que você jamais conseguirá executá-la. Esse é um sinal claro de que, seja o que for, ela não é uma prioridade. Admita isso para si mesmo, converse com seu gerente e obtenha permissão

para eliminar a tarefa da sua lista, seja delegando-a ou decidindo, em conjunto, que aquilo simplesmente não será feito.

Você organizou e priorizou suas tarefas e removeu aquelas que não tem tempo de fazer. Agora é hora de criar sua lista de tarefas.

Crie uma lista de tarefas do dia

Como último passo nesse processo, olhe para sua agenda. O que você precisa fazer hoje? Se já reservou um horário para cada tarefa na agenda, fazer a lista de tarefas do dia será bastante simples. Existem dois segredos para utilizar essas listas com sucesso.

Primeiro divida suas tarefas em partes. Cada atribuição é uma tarefa única que manterá um projeto ou uma meta em andamento. (Esse conceito é similar ao que você fez quando dividiu seus prazos.) Por exemplo, se sua tarefa é montar um cronograma de produção para um catálogo, uma tarefa é enviar um e-mail à gráfica e definir uma data de impressão, o que permitirá a você registrar essa etapa no cronograma. O exercício de criar uma lista de tarefas também faz você relembrar cada passo que precisa acontecer para concluir as tarefas de determinado dia.

Em segundo lugar, seja específico. Não faça anotações enigmáticas. Você pode ter anotado "Marcar almoço com Elsa" em sua lista de tarefas, mas, quando chega a esse item, já se esqueceu de qual era o objetivo do almoço ou quando queria marcá-lo. Seja mais específico, para que fique claro por que a tarefa é importante. Escreva tudo: "Marcar almoço com Elsa na sexta-feira, às 13 horas, para tratar da reunião com o cliente que ocorrerá em breve."

Para criar sua lista física real:

1. *Faça a lista em um cartão ou uma folha de papel retangular.* Crie uma lista que você possa ver e levar consigo. Ao usar uma folha de papel de formato ou tamanho especial, ela vai se destacar dos outros papéis em sua mesa.

2. *Anote o prazo ao lado da tarefa.* Esse é mais um lembrete de quanto tempo você tem.

3. *Coloque suas principais prioridades em destaque.* O uso de cores permite que você se concentre nas tarefas mais importantes.

Ao longo do expediente, dê uma olhada em sua lista de tarefas de vez em quando – a cada hora mais ou menos. Ainda é plausível? Há alguma tarefa que precise ser redefinida ou reagendada? Fazer essa revisão de hora em hora possibilita um melhor controle do seu tempo. E você ainda vai passar a concluir mais tarefas.

Pense em como se recompensar pelos seus esforços também. Depois de riscar três tarefas da lista, faça uma pausa ou dê atenção a uma tarefa fácil na sequência. A sensação de realização e de recompensa vai mantê-lo motivado. Ao reservar um tempo para entender suas metas e a forma como você emprega o tempo, e, em seguida, priorizar e atribuir horários ao trabalho, você vai ser capaz de criar listas de tarefas diárias realistas, que garantem que os trabalhos sejam concluídos no tempo certo. Em seguida, é necessário melhorar sua forma de trabalhar na prática, encontrando seu foco e desenvolvendo bons hábitos.

Encontre seu foco

Encontre seu foco

Você definiu suas metas e prioridades. Sua lista de tarefas está pronta. Agora, vamos nos voltar para a organização do ambiente – tanto físico quanto virtual –, para que você possa se concentrar mais quando começar a lidar com cada tarefa. Vamos ver também como você pode pensar sobre o seu dia, buscando rotinas capazes de minimizar a quantidade de decisões diárias que precisa tomar e maximizar a energia disponível para os trabalhos importantes.

Organize o espaço

Se você não consegue encontrar a lista de tarefas em sua mesa – porque ela está soterrada sob o café da manhã, escondida debaixo de uma montanha de papéis ou rabiscada no verso da programação de futebol do seu filho –, é provável que não vá conseguir riscar muitos itens dela. É importante que o espaço físico em que você trabalha seja propício à conclusão de tarefas. Veja como criar um ambiente de trabalho mais calmo e eficiente:

1. *Elimine a desordem.* Ao dar início a cada item da lista de tarefas, reserve um tempo para arquivar ou jogar fora qualquer coisa que não seja relevante para a tarefa em questão. Um espaço ordenado permite que você tenha recursos físicos e mentais para trabalhar e elimina distrações que podem tirá-lo dos trilhos.

2. *Mantenha o que você precisa ao seu alcance.* Se você usa o grampeador uma vez por mês, guarde-o em uma gaveta. Se você usa um determinado manual ou livro diariamente, deixe-o próximo ao teclado. Se algum item em sua mesa não tiver sido usado ao longo de toda a semana, arquive-o ou jogue-o fora.

3. *Agrupe materiais relacionados.* Guarde os grampos ao lado do grampeador e os rolos de fita adesiva ao lado do suporte de fita. Você não vai precisar perder tempo caçando esses itens mais tarde.

4. *Tenha uma caixa de entrada física.* Livre-se de quaisquer papéis, pacotes e bilhetes que seus colegas de trabalho deixam na sua mesa quando você não está lá. Em vez disso, tenha uma caixa de entrada e peça aos colegas que coloquem documentos importantes nela. Verifique a caixa de entrada no final de cada dia, preparando-a para o dia seguinte. Caso contrário, ela se torna apenas mais um foco de desorganização.

5. *Crie um ambiente confortável.* A cadeira do escritório e o monitor do computador estão a uma altura confortável para você? O espaço é esteticamente agradável? Você passa muito tempo no ambiente de trabalho, portanto organize-o de uma forma que seja confortável para você.

Depois de aplicar algumas dessas mudanças, faça uma nova revisão e reavalie o ambiente após uma semana mais ou menos. Seu espaço está funcionando para você? Você está o tempo todo procurando por aquele bloco de anotações que mudou de lugar? Você deixa canetas por toda parte, porque a caneca que servia de porta-canetas está longe demais? Faça os ajustes de que o espaço precisa para garantir que você esteja confortável e o espaço seja eficiente.

Organize o e-mail

O e-mail trouxe uma série de benefícios para o ambiente de trabalho. Você manda mensagens rapidamente, de qualquer lugar, e isso lhe dá a oportunidade de trabalhar remotamente, colaborar com líderes do mundo inteiro e produzir com mais velocidade.

No entanto, o e-mail também pode representar uma grande desvantagem quando se trata de eficiência. O pipocar constante das mensagens que chegam e uma caixa de entrada lotada podem ser uma grande distração, e às vezes perde-se muito tempo apenas identificando e deletando mensagens sem importância.

Você já reservou um tempo para limpar seu espaço físico. Agora, faça o mesmo para revisitar seu espaço virtual:

1. *Limpe a caixa de entrada.* Classificar os e-mails por remetente ajuda a excluir um monte de mensagens de que você não precisa mais e aquelas que já respondeu.

2. *Crie três pastas: acompanhamento, espera e arquivo.* Para as mensagens que sobrarem, um sistema eficiente de classificação funciona tão bem no digital quanto no escritório físico. Crie três pastas nas quais você vai colocar todos os e-mails que permaneceram na caixa de entrada: acompanhamento, na qual vai arquivar as mensagens de que precisa de mais do que uns minutinhos para responder; espera, para mensagens que se referem a um evento no futuro, como um convite; e arquivo, para as mensagens às quais você já respondeu, mas das quais deseja manter um registro. Daqui em diante, mova cada mensagem recebida para uma dessas pastas.

3. *Comece do zero.* Se você não tiver tempo agora para repassar todas as mensagens que estão na caixa de entrada, não o faça. Em vez disso, crie uma pasta chamada "e-mails antigos". Arraste todos os e-mails para ela e comece do zero com uma nova caixa de entrada. Então, quando você tiver tempo, entre nessa pasta de arquivo e comece a excluir e organizar o que está lá. Assim você não perde nenhuma mensagem de que possa precisar mais tarde e pode começar a organizar da melhor forma as mensagens que vão chegando.

Se você já pôs em prática cada uma dessas etapas e continua precisando de ajuda para gerenciar a sobrecarga de e-mails, experimente usar um gerenciador de tarefas no aplicativo de e-mail. Esses sistemas permitem que você separe as tarefas das mensagens, de modo que as mensagens que incluem alguma solicitação não ficam mais entupindo sua caixa de entrada. Você também pode experimentar um gerenciador de tarefas separado; há muitas opções disponíveis para usuários de Mac e PC.

Organizar os espaços de trabalho físico e digital ajuda a trabalhar com mais eficiência, permitindo que você se concentre melhor na tarefa em pauta e encontre os itens que está procurando da forma mais rápida.

Desenvolva uma rotina inteligente

Você organizou sua lista de tarefas e o espaço; agora, pense em como o dia se desdobra. Você se atrapalha com pequenas decisões, como o que vestir, quando conferir os e-mails e onde almoçar? Para concentrar sua atenção e sua energia no trabalho que importa, aplique uma estrutura repetível ao seu dia. Crie rotinas e hábitos regulares.

Quanto mais decisões você tiver que tomar em um dia, mais esgotado vai se sentir. A rotina ajuda a limitar o número de escolhas que você precisa fazer, preservando sua energia para o trabalho de verdade. Ao colocar algumas de suas decisões no piloto automático, você vai estar mais bem preparado para enfrentar questões desafiadoras.

Comece identificando quais padrões de trabalho você já tem. Por exemplo, talvez você comece o dia conferindo e-mails e correio de voz, e respondendo às mensagens mais importantes antes de passar para outras tarefas. Talvez você também reserve um tempo logo após o almoço, todos os dias, para ler as notícias do setor. Identificar aquilo que já faz parte da sua rotina ajuda a distinguir o que está funcionando e o que talvez não esteja, para que possa fazer os ajustes necessários. Por exemplo, você pode descobrir que ler as notícias do setor depois do almoço o distrai do trabalho pelo restante da tarde; talvez seja necessário esperar até o final do dia para ficar a par dos eventos diários.

Se você descobrir que ainda não tem uma rotina – ou que tem vontade de acrescentar mais coisas ao que já está funcionando para você –, preste atenção nestas sugestões:

- *Comece o dia cedo.* Em vez de instituir que você não é uma pessoa matutina, faça uma tentativa. Para alguns, cedo é 5 horas da manhã, quando as crianças ainda estão dormindo e o escritório ainda está em silêncio. Em algumas empresas com horários flexíveis, cedo pode ser às 9 horas, se todos os outros do seu grupo chegam às 10 horas. Converse com o gerente para ver se é possível ajustar seu horário de modo a começar cedo. Não importa o horário escolhido, você vai se sentir energizado ao conseguir riscar um número cada vez maior de itens da lista de tarefas antes do meio-dia, por ter começado mais cedo.

- *Comece por você*. Reserve um tempo no início do dia, antes de mergulhar na lista de tarefas, para fazer uma pausa e registrar o momento. Isso lhe dá a oportunidade de analisar e se concentrar no que está prestes a fazer.

- *Trabalhe em intervalos de 90 minutos*. Concentre-se em uma tarefa (ou grupo de tarefas), ininterruptamente, por 90 minutos. Essa é a quantidade ideal de tempo para o foco. Em seguida, faça uma pausa para recarregar antes de passar para a próxima tarefa.

- *Revise o dia*. Ao final do expediente, quando

estiver encerrando, revise a lista de tarefas. Você conseguiu concluir tudo? Suas expectativas foram realistas? Fazer essa revisão diariamente ajuda a identificar onde as tarefas e o tempo estão bem ajustados, e onde suas alocações podem precisar ser refinadas.

Agora, dê um passo além. Crie rituais adicionais fora do escritório:

- *Tenha uma boa noite de sono.* Estabeleça um horário regular para dormir de modo a garantir ter o mesmo número de horas de sono todas as noites. Você vai chegar ao escritório descansado e pronto para o trabalho.

- *Planeje as refeições e o que vai vestir a cada dia.* Como acontece no planejamento do tempo, se você tem que pensar todos os dias no que vai vestir e comer no café da manhã e no almoço, é provável que esteja consumindo seus recursos energéticos de forma desnecessária. Se você organizar as peças do guarda-roupa por dia, comer as mesmas coisas regularmente e aprontar tudo com antecedência, vai estar mais bem preparado para tomar decisões que exijam mais tempo de reflexão.

Ao reorganizar o espaço e reestruturar o dia e outras escolhas, você cria um ambiente de trabalho que lhe dá mais energia para fazer as coisas mais importantes. O passo seguinte é manter esse foco apesar das interrupções e de outras distrações, que abordaremos no próximo capítulo.

Mantendo os bons hábitos

Mantendo os bons hábitos

Você estabeleceu prioridades. Você se organizou. Você identificou comportamentos diários para trabalhar de forma eficaz. Mas, mesmo assim, pode acabar saindo dos trilhos se não tiver cuidado.

Para manter o foco, você precisa entender por que se distrai. Identificar o que desvia sua atenção vai ajudar a mantê-la sob controle.

Pare de procrastinar

Às vezes você pode acabar abrindo espaço para distrações porque está diante de uma tarefa que simplesmente não quer fazer. Mas evitar o trabalho não fará com que ele se resolva sozinho. É importante entender o que está por trás do impulso de procrastinar para que você possa afastá-lo quando ele aparecer.

A tendência à procrastinação pode surgir porque há coisas demais por fazer (quanto maior o número de tarefas, mais forte o ímpeto de deixar tudo para depois). Também pode ocorrer porque você não gosta de determinada tarefa, porque não sabe como fazê-la nem por onde começar. Descubra qual desses motivos está em jogo. Responder honestamente ajudará você a definir os próximos passos; ou conclua logo a tarefa, ou peça ajuda a um colega ou gerente.

Aqui vão três dicas para ajudar você a se concentrar na tarefa em questão, mesmo quando simplesmente não sente vontade:

- *Estabeleça prazos para si mesmo com antecedência.* Resista à tentação de virar noites trabalhando. Talvez isso tenha funcionado na faculdade, mas não vai ser suficiente no trabalho. Como você já aprendeu, programar tarefas (e subtarefas) na agenda ajuda a controlar a tendência de deixar tudo para o último minuto. Ao ver esses itens na agenda, você vai se sentir responsável por executar cada tarefa em determinado período e vai experimentar uma sensação de realização toda vez que concluir uma.

- *Dê recompensas a si mesmo.* Faça uma pausa para o café ou vá conversar com um colega depois de terminar uma tarefa particularmente temida. Ou obrigue-se a deixar uma tarefa da qual você *gosta* para fazer depois de uma de que **não** gosta. Nos dias em que você simplesmente não estiver conseguindo se concentrar, considere a ideia de reservar uma pequena soma de dinheiro para cada tarefa que concluir e use o montante para comprar algo que deseja. A promessa da recompensa pode ajudar a impulsionar sua motivação.

- *Peça ajuda.* Se o problema, desde o princípio, é que você não sabe como dar início ao projeto, converse com um colega que possa ajudá-lo. Trabalhar com outra pessoa não apenas o desempaca, mas também faz você se sentir responsável. O desejo de não decepcionar o colega serve de estímulo. Você também pode descobrir que isso torna a tarefa mais divertida.

Se você já tentou usar essas táticas e mesmo assim não conseguiu começar, pode ser que tenha medo do risco inerente ao projeto em questão. Em um trabalho, a possibilidade de fracasso está sempre presente. Mas você não vai concluir nada se não começar. (Veja o quadro "O que fazer e o que não fazer diante da procrastinação" a seguir.)

O QUE FAZER E O QUE NÃO FAZER DIANTE DA PROCRASTINAÇÃO

Fazer:
- Identificar de antemão as tarefas que você provavelmente vai adiar.
- Entender por que você adiou determinada tarefa.
- Usar os prazos para se motivar.
- Dar recompensas a si mesmo ao atingir metas.

Não fazer:
- Assumir o rótulo de procrastinador.
- Estender os prazos sem justificativa.
- Lidar sozinho com coisas difíceis.

Evite interrupções

Às vezes, o trabalho é adiado não por falta de motivação sua, mas por influências externas. Quando você se alterna entre diferentes tarefas, entre uma tarefa e um e-mail, ou entre uma tarefa e uma demanda do chefe, é preciso energia cognitiva e tempo para voltar aos trilhos a fim de concluir o projeto em questão. Isso também prejudica a criatividade: você perde grandes ideias antes que elas tenham a chance de florescer. Quando você é interrompido, não pode refletir de forma holística sobre o trabalho – o que poderia fazer melhor ou diferente. A interrupção também provoca estresse. Mas talvez o perigo mais traiçoeiro da interrupção seja que, se você interromper todas as tarefas para responder a cada e-mail que chega, provavelmente vai estar colocando o trabalho banal acima do mais fundamental.

Existem muitos fatores externos que podem fazer você se distrair do trabalho. O e-mail é uma delas – pense em como você reage toda vez que escuta o alerta de uma nova mensagem –, assim como a tendência de fazer várias tarefas ao mesmo tempo. (Vamos discutir ambos em detalhes adiante.) Outra são as visitas de colegas: se você estiver perto da conclusão de um prazo, talvez seja bom dizer a eles em que momentos específicos está disponível para receber pessoas.

Claro, haverá ocasiões em que uma nova tarefa, meta ou problema terá prioridade sobre o que você está fazendo no momento. Quando isso acontecer, não mude de marcha rápido demais; faça uma breve pausa para que sua mente e seu corpo entendam que você está passando para outra tarefa. Fique de pé, dê uma volta ou faça alguns alongamentos. Essas ações sinalizam ao cérebro que algo novo está prestes a começar. E você pode retomar a tarefa anterior depois de dar conta da nova demanda.

Não deixe o e-mail se sobrepor

O e-mail pode ser um grande inimigo quando se trata de interrupção e queda de produtividade. Você já organizou sua caixa de entrada, o que deve ajudá-lo a se concentrar nas mensagens que precisam mesmo ser respondidas, mas é importante gerenciar com cuidado o tempo gasto com as mensagens à medida que elas vão chegando, quando deveria estar trabalhando em outra coisa. Eis algumas dicas para evitar se distrair com os e-mails que chegam:

- *Feche a caixa de entrada.* Se as notificações de e-mail estiverem desativadas, você não vai reagir instintivamente a cada nova mensagem que chegar. Em vez disso, estabeleça momentos a cada duas ou três horas para conferir os e-mails. Se essa frequência não parecer suficiente, confira a caixa de entrada de hora em hora. Se achar necessário, coloque uma observação na assinatura de e-mail informando a que horas você lê as mensagens e pedindo que a pessoa ligue em caso de urgência.

- *Dê dois minutos*. Quando estiver conferindo a caixa de entrada, se puder responder a um e-mail em dois minutos, responda. Não o arquive, não o deixe na caixa de entrada para reler mais tarde, responda imediatamente. Se precisar de mais de dois minutos, reserve um horário para responder e adicione esse item à lista de tarefas.

- *Repense o "Responder para todos"*. Se você está preso a uma corrente de e-mail com 10 colegas de trabalho, avalie se o e-mail é a melhor forma de fazer uso do tempo deles. Em vez disso, agende uma reunião rápida para que todos possam dar sua contribuição e tirar dúvidas sem que sejam desviados repetidamente de suas tarefas.

- *Pare de dar respostas desnecessárias.* Você não precisa fechar todos os ciclos. Embora um rápido "Vou fazer" ou "Obrigado" pareça útil (e educado), enviar e-mails assim ao longo do dia pode provocar uma enorme perda de tempo. Antes de redigir um e-mail como esse, pergunte a si mesmo se ele é útil. Se não for, volte ao que estava fazendo.

- *Automatize a organização.* Crie filtros para arquivar automaticamente e-mails regulares de que você pode precisar em algum momento, mas que o distraem do trabalho, para que você possa ler mais tarde (boletins da empresa, confirmações de reservas ou outros alertas automáticos). Ou arquive automaticamente e-mails sobre um projeto específico, para que você possa ler todos de uma vez só quando for conveniente. E cancele a assinatura de qualquer newsletter que você nunca leu e que o distrai de e-mails importantes.

Pare de ser multitarefa

Ser multitarefa é como interromper a si mesmo, sem parar. Você não pode dar atenção máxima ao trabalho se estiver tentando fazer tudo ao mesmo tempo. Eis aqui três mitos sobre ser multitarefa:

Mito 1. Os humanos são capazes de fazer duas coisas ao mesmo tempo. Não são, não. Portanto, se você estiver folheando este livro enquanto fala ao telefone, desligue o telefone e releia o que passou. Só é possível fazer uma coisa de cada vez.

Mito 2. Ser multitarefa torna você mais eficiente. Errado. Na verdade, pesquisas mostram que você vai levar 25% mais tempo para terminar a tarefa inicial caso se envolva em mais uma.

Mito 3. A tensão de ser multitarefa melhora o desempenho. A ansiedade prejudica a capacidade de pensar com clareza e a criatividade; ela também nos faz agir por impulso. Não é assim que você quer agir no ambiente de trabalho.

Dadas as constantes demandas sobre o seu tempo e a sua atenção, não é surpresa que as interrupções tirem o foco do trabalho que você deveria estar fazendo. Mas, em seu esforço para se concentrar, não se esqueça também de dar um passo para trás e recarregar. Trabalhar demais pode prejudicar seu foco.

Trabalhe menos

Você não tem como atuar em grau máximo de desempenho o tempo todo. As pessoas têm melhor desempenho quando alternam momentos de trabalho intenso com momentos de descanso. Exigir um pouco menos de si mesmo de fato o ajuda a ser mais produtivo, focado e engajado. Eis duas formas de tentar colocar *menos* pressão sobre si mesmo:

- *Aproveite sua hora de almoço.* Saia do escritório. Dê um passeio ou use o tempo para se exercitar. Almoce com um amigo ou um colega. Você vai se sentir mais focado e motivado para ter o melhor desempenho pelo restante do dia. Se não puder sair do escritório, reserve 20 minutos para trancar a porta, fechar os olhos e meditar à sua mesa. Coloque o fone de ouvido e ouça uma música calma ou um podcast para ajudar a definir o tom do relaxamento. Talvez você até queira tirar uma soneca rápida.

- *Reserve um tempo para pensar de forma criativa.* Dedique um tempo durante o dia ao brainstorming – sozinho ou com colegas. O brainstorming geralmente vai parar no final da sua lista de tarefas e raramente recebe o tempo que merece. Esse tempo não apenas é gratificante, em termos criativos, como também pode proporcionar grandes ideias para sua empresa.

Até agora, você aprendeu o que pode fazer sozinho para se tornar mais organizado e concluir suas tarefas. Agora é hora de adicionar outra variável à equação – os colegas. Como trabalhar de forma mais eficiente com as pessoas ao seu redor?

Colabore de forma eficiente

Colabore de forma eficiente

Trabalhar de forma produtiva nem sempre significa trabalhar sozinho. Muitas vezes você vai precisar trabalhar com outras pessoas – e por um bom motivo: elas podem ser um ótimo recurso para ajudá-lo a executar seu trabalho. Perceba quando é sensato delegar tarefas e aprenda a fazê-lo da melhor forma; identifique, também, quando é preciso pedir ajuda.

Entretanto, trabalhar com outras pessoas também pode diminuir seu ritmo. Em um ambiente social como um local de trabalho, muitas vezes você é levado a fazer uma tarefa de que não precisa simplesmente porque um colega pediu. Você tem que aprender a perceber quando o trabalho não agrega nenhum valor e saber dizer não. Trabalhar com colegas às vezes também significa muitas reuniões; para ser eficiente, você precisa aprender a aproveitar ao máximo essas reuniões, para que elas não proliferem. E, na realidade atual de teletrabalho e escritórios espalhados pelo mundo, é fundamental aprender a trabalhar de maneira eficaz com uma equipe virtual, a fim de evitar falhas de comunicação e ineficiência.

Aprenda a dizer não

Você quer mostrar que tem espírito de equipe, que é prestativo e motivado, mas precisa ter um método para avaliar a montanha de pedidos que surgem pelo caminho, principalmente se sente que está perdendo de vista suas metas e prioridades porque está sendo puxado em muitas direções diferentes.

Quando um colega lhe pedir um favor ou para assumir uma nova tarefa, leve os seguintes fatores em consideração:

1. Qual é o valor desse trabalho para a empresa? Ele contribui para os objetivos fun-

damentais da empresa ou para os objetivos da sua equipe ou do seu departamento? Se ele não agrega valor e não tem impacto positivo nas metas da empresa, talvez não faça sentido aceitá-lo.

2. Qual é a importância dessa atividade para as suas metas particulares de desempenho profissional? Identifique se o trabalho é essencial, importante, opcional ou irrelevante. Se não for importante para a empresa nem para as métricas de sucesso que você e seu gerente definiram para si, não faça.

3. Você obtém algum valor pessoal com esse trabalho? Gosta da tarefa ou a detesta completamente? Se o trabalho não for significativo para você, é provável que não o execute bem, então não vale a pena colocá-lo na sua lista.

4. Você tem tempo suficiente para fazer o trabalho? Mesmo que seja valioso, se tiver outro trabalho de alta prioridade em pauta, pode não fazer sentido assumir esse projeto agora.

5. É algo que só você pode fazer, porque tem um conjunto de habilidades ou conhecimentos específicos, ou esse trabalho pode ser realizado com eficiência por outra pessoa? Se for esse o caso, você deve delegar a tarefa.

Mesmo que o pedido venha do chefe, é plausível dar um passo para trás e se fazer essas perguntas. Se você traçou claramente suas tarefas e suas metas, os dois, juntos, poderão avaliar se essa demanda está ou não de acordo com elas.

Às vezes, o melhor a fazer por si mesmo e pela empresa é não assumir tarefas que agregam pouco valor e, em vez disso, dedicar-se ao trabalho que importa de verdade.

Delegue

Você tem a sensação de que sempre fica no escritório até tarde, depois que todos os outros já foram para casa? Tem a sensação de que nada seria concluído sem você? As pessoas estão sempre lhe oferecendo ajuda? Se você respondeu sim a alguma dessas perguntas, veja se não está com coisas demais no colo. Você pode estar precisando de ajuda para concluir suas tarefas.

Embora seja verdade que um dia tem só 24 horas, também é verdade que você pode liberar algumas dessas horas se delegar (ou eliminar) as tarefas menos importantes da sua lista. Você não está se esquivando das suas responsabilidades; está trabalhando com eficiência para que as tarefas mais importantes sejam concluídas.

Que tarefas poderiam ser bem executadas por outra pessoa? Delegue esse trabalho a um colega ou subordinado direto. A seguir, os três passos importantes para delegar de forma eficaz:

1. *Identifique as tarefas de baixo valor.* Perpasse sua lista de tarefas e procure aquelas que não sejam de alta prioridade para você ou para a empresa (como aquelas que você identificou anteriormente no livro). São elas que você deve pensar em delegar. Se não estiver seguro quanto às tarefas que tem permissão para delegar, converse com seu gerente.

2. *Escolha a pessoa certa.* Pense em quais

tarefas poderiam ser mais bem executadas por seus subordinados diretos, por cada membro da equipe ou por outros colegas ao redor. Existe algo em sua lista que proporcionaria uma experiência valiosa a outro membro da equipe? Existe algum trabalho capaz de aprimorar as habilidades de um colega ou que beneficie algum deles? Transformar o trabalho que você está delegando em parte das metas de desenvolvimento de alguém é uma forma de garantir que o trabalho seja concluído. Para tarefas administrativas, procure membros juniores da equipe que possam ter mais tempo disponível para executá-las. Mais uma vez, trabalhe com o gerente para ter certeza de que a pessoa que você escolheu para assumir a tarefa é adequada.

3. *Dê espaço*. O segredo para delegar de forma eficaz é repassar o trabalho e deixar que os outros determinem como este será feito. Mostre que você confia em seus subordinados diretos ou colegas, sem intervir nem microgerenciar o trabalho deles. Em

vez disso, monitore o progresso a distância e esteja disponível para dar apoio quando eles encontrarem obstáculos que possam exigir sua experiência.

Depois de delegar parte do trabalho, decida como vai realocar o tempo liberado: liste duas ou três coisas que você gostaria de fazer, mas para as quais não teve tempo. Trate esses itens como faria com os demais em sua lista de tarefas, seguindo os processos descritos anteriormente no livro.

Você manteve o chefe informado durante todo esse processo, mas, para se concentrar em liberar ainda mais tempo para o que é realmente importante, compartilhe com ele seu plano de realocação de tempo em detalhes, pedindo que ele revise e avalie o que você delegou e aquilo a que vai dedicar o tempo liberado. Peça que ele o cobre. Se você não fizer isso, é provável que volte a recorrer a maus hábitos quando se vir sobrecarregado novamente.

Lembre-se de que é preciso tempo para aprender a delegar bem. Dê esse tempo a si mesmo e esteja ciente de que vai cometer erros. Peça feedback ao gerente e aos colegas, para que você possa fazer ajustes da próxima vez. (Veja o quadro na página seguinte.)

Peça ajuda

Às vezes, é difícil admitir que você não sabe fazer determinada coisa. Mas é pior ainda quando sua insegurança faz com que o trabalho seja executado de forma incorreta ou quando um projeto foge ao controle. Às vezes, é preciso recorrer a outras pessoas para obter ajuda.

Em alguns casos, pode ser fácil saber a quem pedir ajuda. Lembra-se daquela pessoa a quem você recorreu para descobrir quanto tempo uma tarefa levaria quando estava determinando prazos? Entre em contato com ela de novo se estiver tendo problemas com essa questão depois que a tarefa teve início. Se não souber bem a quem recorrer, fale com o gerente.

O QUE FAZER E O QUE NÃO FAZER NA HORA DE DELEGAR

Fazer:
- Estar ciente de quanto você está trabalhando em comparação com seus colegas.

- Repassar as tarefas que não se alinham com suas metas e que podem ser mais bem executadas por outra pessoa.

- Envolver o gerente explicando detalhadamente seu plano de delegação.

Não fazer:
- Passar uma tarefa a uma pessoa e microgerenciar a execução.

- Presumir que você é a única pessoa capaz de realizar determinada tarefa.

- Achar que vai acertar sempre na hora de delegar.

Depois de saber quem abordar, pense em como vai pedir ajuda. Agir com iniciativa significa que você vai obter respostas melhores e de forma mais rápida.

1. *Comece pelo que você sabe.* Dê à pessoa as informações de que você dispõe, para que ela saiba de onde você está partindo. Além de fornecer informações importantes de que ela precisa para ajudá-lo, isso também vai fazer com que você se sinta mais confiante.

2. *Tenha uma opinião.* Você pode não saber a resposta certa, mas deve saber por onde gostaria de começar ou ter um curso de ação em mente. Explique à outra pessoa o rumo que você gostaria de tomar e deixe que ela lhe diga se concorda ou não que essa seja a melhor opção em vez de obrigá-la a elaborar um plano por conta própria (isso exige muito mais tempo e esforço da parte dela do que reagir às suas ideias).

3. *Seja direto.* Haverá momentos em que você vai pedir ajuda e não vai entender as orientações que recebeu. Pergunte novamente. A pessoa que o ajudou não tem como saber

se as instruções dela são úteis se você não for claro com ela.

Interagir com os outros de forma eficiente pode ser um grande trunfo à medida que você trabalha em direção às suas metas. Mas nem sempre você vai estar trabalhando com apenas um colega. Vamos ver agora, portanto, como ser mais produtivo ao liderar uma reunião com um grupo.

Torne as reuniões mais produtivas

Se o objetivo da reunião é colocar as pessoas em contato para tomar uma decisão (ou várias), fazer brainstorming, fornecer relatórios ou compartilhar informações, reunir várias pessoas pode se tornar ineficiente muito rápido. Veja como tornar seu tempo juntos mais produtivo:

- *Reúna as pessoas certas.* Se a vice-presidente de marketing estiver fora e você não puder tomar a decisão sem ela, remarque a reunião. Caso contrário, você estará desperdiçando o seu tempo e o dos outros.

- *Defina uma pauta.* Faça um resumo do que vai ser abordado na reunião e encaminhe essa pauta para os participantes com antecedência, juntamente com quaisquer outros documentos relevantes para a reunião. Dois a três dias antes é o ideal para dar aos participantes a chance de analisar o material. Classifique cada item da pauta como "para discussão", "para informação" ou "para definição", a fim de que todos os presentes saibam com exatidão quais são os itens de ação durante a reunião. Fazer uma reunião quando os participantes não estão cientes do que será debatido e não puderam se preparar provavelmente será um desperdício de tempo para todo mundo.

- *Atribua períodos determinados a cada item da pauta.* Isso ajuda você a ter certeza de que não será gasto mais tempo do que o necessário – ou do que o disponível – em qualquer item da pauta. Comece pelas tarefas mais importantes, visto que a maior parte das pessoas chega às reuniões com energia e entusiasmo, que vão diminuindo à medida que o tempo passa.

- *Atenha-se à regra dos 90 minutos.* Muito pouco é realizado depois de passados 90 minutos. Se não for possível dar conta de tudo o que você precisa nesse tempo, marque uma reunião de acompanhamento em vez de gastar todo o tempo em uma única sessão. A equipe será mais produtiva.

Fazer reuniões eficazes vai melhorar o modo como você trabalha – e também o modo como seus colegas trabalham. Eles vão ficar gratos pelo seu respeito ao tempo deles e, no melhor dos casos, vão aprender a partir das suas boas práticas, tornando igualmente mais eficientes outras reuniões das quais você participar.

Torne o trabalho virtual mais eficaz

Muitos funcionários trabalham em casa ou em outro local que não a matriz da empresa. Seja por causa dos escritórios espalhados pelo mundo ou das vantagens que a flexibilidade proporciona, trabalhar remotamente se tornou parte normal da vida profissional. O trabalho virtual exige que você se comunique com clareza, caso contrário passará muito tempo resolvendo mal-entendidos ou refazendo coisas. Há margem de sobra para confusão quando você não está falando cara a cara com seus colegas. Muitas vezes, você não tem como ver a pessoa com quem está falando. As pistas sociais e as informações que obtemos ao olhar alguém nos olhos – e vê-lo em seu ambiente – não estão presentes. O tom de voz pode ser mal interpretado. É preciso fazer um esforço extra para garantir que você será compreendido.

Se você faz parte de uma equipe virtual, estabeleça normas de comunicação. Por exemplo, quanto tempo você leva para responder a um e-mail? Todas as reuniões da equipe vão acontecer por meio de qual aplicativo? Se for preciso entrar em contato imediatamente com um membro da equipe, ele prefere um telefonema ou um e-mail? Quando essas normas são claras desde o princípio, não são necessárias várias idas e vindas antes de uma reunião; você já sabe que vai usar determinado aplicativo de videoconferência. Você também não vai precisar inundar a caixa de entrada do colega para pedir uma resposta a um e-mail enviado há 20 minutos. Você sabe que ele vai entrar em contato dentro de uma hora e poderá dedicar esse tempo de espera a outra tarefa importante.

Lembre-se das dicas a seguir para garantir que as comunicações sejam compreensíveis e eficientes.

- *Tenha clareza*. Seja claro e específico em suas mensagens. Comunicação nunca é demais. Se você não estiver seguro quanto à clareza de uma mensagem, peça que os colegas a repitam com outras palavras; se eles não tiverem entendido direito, explique mais uma vez. Por exemplo, se você precisa de uma resposta em determinada data, comunique o prazo de forma explícita. Dizer "Aguardo a sua resposta" não soa urgente e não diz com clareza para quando você precisa dessa resposta. Em vez disso, seja específico: "Preciso do seu feedback até quinta-feira ao final do dia para poder repassá-lo ao cliente na reunião que tenho com ele sexta-feira pela manhã."

- *Responda com agilidade.* No trabalho virtual, você não tem a vantagem de saber onde seus colegas estão nem o que estão fazendo o dia todo. Se um colega virtual lhe envia um e-mail, ele pode não saber que você está preso em uma reunião há horas ou que está trabalhando em um projeto específico e desativou os alertas de mensagens. Ele pode presumir que sua falta de resposta significa que o pedido dele não é importante para você. Informe aos seus colegas virtuais quando você deve estar indisponível e responda aos e-mails deles o mais rápido possível, mesmo que seja apenas uma curta resposta para informar que você não está disponível no momento, mas que entrará em contato em breve. Eles vão perder menos tempo tentando encontrá-lo, e você vai se sentir menos pressionado para responder assim que sair da reunião ou fizer uma pausa no projeto.

Se você não trabalha na matriz, lembre-se de que o trabalho virtual exige o mesmo compromisso com as tarefas e a rotina que qualquer outro tipo de trabalho; não deixe seus novos e aprimorados hábitos de produtividade de lado quando você e outras pessoas não estiverem no mesmo ambiente. Todo o excelente trabalho que você fez para ser mais produtivo e colaborar de forma eficiente é ainda mais crucial quando você nem sempre está cara a cara com as pessoas.

Avalie seu progresso

Avalie seu progresso

As listas de tarefas, as ferramentas de organização e os novos hábitos não valem o esforço se não estiverem ajudando a aprimorar sua eficiência. Reserve um tempo a cada poucos meses – ou pelo menos uma vez por ano – para se perguntar se eles estão dando resultado e se você chegou mais perto de alcançar as metas pessoais e profissionais que definiu no início da leitura deste livro.

Reflita e ajuste

Durante esse período de revisão, consulte as metas que você listou no início de "Identifique o que precisa ser feito" e se pergunte se agora você está no caminho certo para alcançá-las. Caso ainda haja espaço para melhorias, analise quais ferramentas estão contribuindo para aumentar sua produtividade e quais não estão.

Você está usando suas listas de tarefas ou apenas dá uma olhada nos itens que anotou na agenda on-line? Está deixando passar informações importantes e urgentes dos colegas de equipe porque confere seus e-mails com pouca frequência? Se acha que determinado hábito ou ferramenta não é útil, mude-o ou elimine-o. Não há nada que o prenda às abordagens que experimenta; o objetivo é descobrir o que funciona para você.

Às vezes as coisas ficam confusas mesmo depois de organizadas. Arranje tempo – a cada quatro a seis meses – para repensar tudo. Revise o sistema de arquivamento, os e-mails e as listas de tarefas, e verifique se tudo ainda está sendo organizado de acordo com o método que você concebeu no princípio do processo. Repassar as coisas regularmente e começar de novo traz uma sensação boa.

Observe os pequenos sucessos que obteve, mesmo que não apareçam em um gráfico. Isso indica que alguma mudança que você fez na forma de trabalhar melhorou sua produtividade. Por exemplo, não há problema algum se sua caixa de entrada agora tiver uma dúzia de mensagens em vez de nenhuma quando você configurou as pastas e os filtros. Lembra-se de quatro meses atrás, quando você tinha mais de 200 mensagens? Isso é um verdadeiro progresso! Identifique onde seu sistema de organização está funcionando e, se precisar fazer pequenos ajustes, permita-se experimentar.

Por fim, esteja preparado para a obsolescência. Ferramentas e sistemas de produtividade vêm e vão, principalmente os digitais. E, da mesma forma que a tecnologia muda, suas preferências também podem mudar. Entenda isso e prepare-se, por meio de softwares que permitam que você exporte seus dados, para não ficar preso a nenhuma plataforma. E lembre-se de que você pode migrar de uma lista de tarefas em papel para uma on-line ou vice-versa. Esse tipo de mudança é bom, desde que ajude você a concluir tarefas.

Tenha sempre em mente que este não é um processo que serve para todos da mesma forma. Aplique sua criatividade e certifique-se de que seu sistema funciona para você. Aceite o fato de que você opera de certa maneira e que determinadas coisas que funcionam para você podem não funcionar para os outros. Talvez você goste de revisar seu plano organizacional como parte da "limpeza semestral" ou prefira fazer a reorganização no primeiro dia útil do ano, porque isso lhe dá energia. Qualquer sistema que funcione para você é um bom sistema; o importante é tê-lo e revisá-lo com regularidade.

Reservar um tempo para olhar as coisas em perspectiva e reconfigurar a forma como você trabalha é fundamental para melhorar sua produtividade. Mas não é algo que se faça de uma vez só: estar preparado para desafios ao seu foco e aos hábitos positivos que você começou a desenvolver vai mantê-lo produtivo e melhorar o seu trabalho e o dos colegas com quem você colabora. Definir processos para identificar e programar suas tarefas mais importantes e implementar mudanças que resultem em maior foco e eficiência são apenas os primeiros passos. Ao revisar esses processos e ajustá-los com regularidade, você vai desfrutar não só de um modo mais eficaz de concluir tarefas, mas, na melhor das hipóteses, de um modo mais produtivo de viver.

Saiba mais

Livros

Allen, David. *A arte de fazer acontecer: Estratégias para aumentar a produtividade e reduzir o estresse*. Rio de Janeiro: Sextante, 2015.

O veterano coach e consultor de gestão David Allen compartilha seus métodos para um desempenho livre de estresse com base no conceito de que a produtividade é diretamente proporcional à capacidade de relaxar. Este clássico do gênero mostra aos leitores como aplicar a regra "faça, delegue, adie, dispense" para esvaziar caixas de entrada de e-mail, reavaliar metas, manter o foco, desenvolver projetos e superar a confusão e a ansiedade.

Halvorson, Heidi Grant. *9 atitudes das pessoas bem-sucedidas: Descubra o que você deve fazer de diferente para alcançar seus objetivos*. Rio de Janeiro: Sextante, 2014.

De acordo com a autora Heidi Grant Halvorson,

pessoas realizadas alcançam suas metas graças ao que fazem, não apenas por causa de quem são. Neste livro curto, prático e amparado em pesquisas, ela explica claramente quais estratégias têm maior impacto no desempenho, incluindo a definição de metas específicas, o uso do planejamento "se-então" e o monitoramento do seu progresso.

Harvard Business Review. *Faça o trabalho que precisa ser feito*. Rio de Janeiro: Sextante, 2019.

Este guia se aprofunda um pouco mais nas táticas de produtividade do que este volume da coleção Sua Carreira em 20 Minutos, com instruções práticas adicionais e exemplos de rotinas. Entre os tópicos estão priorizar o trabalho, determinar qual trabalho é urgente, delegar de maneira eficaz, renovar sua energia e desenvolver bons hábitos de trabalho.

Harvard Business Review. *Gestão do tempo*. Rio de Janeiro: Sextante, 2022.

Enquanto *Produtividade no trabalho* perpassa alguns dos fundamentos da gestão do tempo, bem como outros truques e dicas de produtividade, *Gestão do tempo* concentra-se mais profundamente nos métodos testados e comprovados de gerenciar o tempo e cronogramas. Além do que foi mencionado neste livro, os leitores vão aprender, por exemplo, a trazer um cronograma descontrolado de volta aos trilhos e a realocar o tempo de forma coerente com suas metas.

Samuel, Alexandra. *Work Smarter, Rule Your Email*. Boston: Harvard Business Review Press, 2014.

Alexandra Samuel argumenta que, ao reduzir a quantidade de tempo gasto com seus e-mails, os leitores podem dedicar tempo e atenção às tarefas mais importantes. Usar as ferramentas de filtragem já existentes de um programa de e-mail pode fazer o trabalho pesado na gestão de uma caixa de entrada lotada. Este pequeno e-book explica como configurá-los.

Artigos e periódicos

Birkinshaw, Julian; Cohen, Jordan. "Make Time for the Work That Matters." *Harvard Business Review*, setembro de 2013.

Este artigo apresenta um exercício projetado para ajudar os leitores a fazer mudanças pequenas, porém significativas, em suas rotinas de trabalho para aumentar a produtividade.

"Find Your Focus: Get Things Done the Smart Way." HBR *OnPoint*, novembro de 2013.

Esta edição do HBR *OnPoint* ajuda os leitores

a pensar e gerir o tempo de forma a maximizar a produtividade e a eficácia.

Pozen, Robert C. "Managing Yourself: Extreme Productivity." *Harvard Business Review*, maio de 2011.

Neste artigo, o professor sênior da Harvard Business School Robert Pozen apresenta seis princípios e práticas para maximizar a produtividade pessoal sem sacrificar a saúde nem a vida familiar, extraídos de seus posts no site HBR.org.

Fontes digitais

"Boost Your Productivity with Microbreaks." Ideacast do HBR.org Ideacast. 5 de abril de 2012. http://blogs.hbr.org/2012/04/boost-your-productivity-with-m/.

De acordo com as pesquisas, fazer pausas pode contribuir para a produtividade, desde que sejam as pausas certas. Essa entrevista com Charlotte Fritz, professora da Universidade Estadual de Portland, explica quais pausas podem recarregar as energias e quais tiram a motivação.

"Develop Productivity Rituals." Vídeo do HBR.org. 3 de janeiro de 2012.

http://blogs.hbr.org/2012/01/develop-productivity-rituals/.

Tony Schwartz, presidente e CEO do The Energy Project, lista os quatro principais hábitos que nos ajudam a concluir mais tarefas usando insights inspirados em outras pessoas que conseguem dar conta do trabalho sem abrir mão da própria vida. O segredo dele? Desenvolva rituais.

"Find Time to Achieve Your Vision." Apresentação de slides do HBR.org.
http://hbr.org/web/slideshows/find-time-to-achieve-your-vision/1-slide.

Esta apresentação de slides, baseada no livro *What to Ask the Person in the Mirror: Critical Questions for Becoming a More Effective Leader and Reaching Your Potential*, de Robert Steven Kaplan, sugere um processo para ajudar os leitores a se concentrar em suas prioridades por meio de perguntas-chave que fazem a si mesmos.

Fontes

Fontes gerais

Bielaszka-DuVernay, Christina. "The Dangers of Distraction". HBR.org, 19 de janeiro de 2009. http://blogs.hbr.org/2009/01/pay-attention-an-interview-wit/.

DeLong, Thomas J. *Flying Without a Net: Turn Fear of Change into Fuel for Success*. Boston: Harvard Business Review Press, 2011.

DeMaio, Steven. "How to Train Your Pet Peeve". HBR.org, 5 de outubro de 2009. http://blogs.hbr.org/2009/10/how-to-train-your-pet-peeve/.

Dutta, Soumitra. "What's Your Personal Social Media Strategy?" *Harvard Business Review*, novembro de 2010.

"Find Time to Achieve Your Vision". Apresentação de slides do HBR.org. http://hbr.org/web/slideshows/find-time-to-achieve-your-vision/1-slide.

"Find Your Focus: Get Things Done the Smart Way". HBR *OnPoint*, novembro de 2013.

Goleman, Daniel. "What Makes a Leader?". *Harvard Business Review*, janeiro de 2004.

Goleman, Daniel; Boyatzis Richard; McKee, Annie McKee. *Primal Leadership: The Hidden Driver of Great Performance*. Boston: Harvard Business Review Press, 2013.

Groysberg, Boris; Abrahams, Robin. "Manage Your Work, Manage Your Life". *Harvard Business Review*, março de 2014.

Hammerness, Paul, MD; Moore, Margaret. "Train Your Brain to Focus". HBR.org, 18 de janeiro de 2012. http://blogs.hbr.org/2012/01/train-your-brain-to-focus/.

Harvard Business Review. *Faça o trabalho que precisa ser feito*. Rio de Janeiro: Sextante, 2019.

Harvard Business Review. *Gestão do tempo*. Rio de Janeiro: Sextante, 2022.

Kaplan, Robert Steven. *What to Ask the Person in the Mirror: Critical Questions for Becoming a*

More Effective Leader and Reaching Your Potential. Boston: Harvard Business Review Press, 2011.

Katz, Robert L. "Skills of an Effective Administrator". *Harvard Business Review*, setembro de 1974.

McGinn, Daniel. "Being More Productive". *Harvard Business Review*, maio de 2011.

Pozen, Robert C.; Fox, Justin. "Pozen on Personal Productivity". HBR.org, 14 de março de 2011. http://blogs.hbr.org/2011/03/pozen-personal-productivity/.

Samuel, Alexandra. "Stop Using Your Inbox as a To-Do List". HBR.org, 7 de março de 2014. http://blogs.hbr.org/2014/03/stop-using-your-inbox-as-a-to-do-list/.

Samuel, Alexandra. *Work Smarter, Rule Your Email*. Boston: Harvard Business Review Press, 2014.

Schwartz, Tony. "The Productivity Paradox: How Sony Pictures Gets More Out of People by Demanding Less". *Harvard Business Review*, junho de 2010.

"Test Yourself: Are You Headed for an Energy Crisis?". Teste do HBR.org. http://hbr.org/web/tools/2008/12/manage-energy-not-time.

"Vision Statement: The Multitasking Paradox". *Harvard Business Review*, março de 2013.

Fontes adicionais por capítulo

Por que investir tempo para melhorar a produtividade?

David, Susan. "Don't Sabotage Yourself". HBR.org, 29 de maio de 2012. http://blogs.hbr.org/2012/05/dont-sabotage-yourself/.

Identifique o que precisa ser feito

Drucker, Peter. *Managing Oneself*. Boston: Harvard Business School Press, 2008.

Ghoshal, Sumantra; Bruch, Heike. "Reclaim Your Job". *Harvard Business Review*, março de 2004.

Samuel, Alexandra. "A 7-Step Process to Achieving Your Goals". HBR.org, 6 de janeiro de 2012. http://blogs.hbr.org/ 2012/01/the-7-step-process-to-achieving-your-goals/.

Elabore um cronograma

Bregman, Peter. "A Better Way to Manage Your

To-Do List". HBR.org, 24 de fevereiro de 2011. http://blogs.hbr.org/2011/02/a-better-way-to-manage-your-to/.

Bregman, Peter. "What to Do With Your To-Do List". HBR.org, 2 de março de 2011. http://blogs.hbr.org/2011/03/what-to-do-with-your-to-do-lis/.

Carr, Nicholas G. "Curbing the Procrastination Instinct". *Harvard Business Review*, outubro de 2001.

Halvorson, Heidi Grant. "Here's What Really Happens When You Extend a Deadline". HBR.org, 19 de agosto de 2013. http://blogs.hbr.org/2013/08/heres-what-really-happens-when/.

Moore, Don A. "Deadline Pressure: Use It to Your Advantage". *Negotiation*, agosto de 2004.

Pratt, George. "Deadlines... Get It Done or Get It Done Right?" HBR.org, 18 de abril de 2007. http://blogs.hbr.org/2007/04/deadlinesget-it-done-or-get-it/.

Encontre seu foco

"Boost Your Productivity with Social Media". Ideacast do HBR.org, 20 de dezembro de 2012. http://blogs.hbr.org/2012/12/boost-your-productivity-with-s/.

Bregman, Peter. "The Value of Ritual in Your Workday". HBR.org, 8 de dezembro de 2010. http://blogs.hbr.org/2010/12/the-value-of-ritual-in-your-wo/.

DeMaio, Steven. "The Art of the Self-Imposed Deadline". HBR.org, 25 de março de 2009. http://blogs.hbr.org/2009/03/the-art-of-the-selfimposed-dea/.

"Develop Productivity Rituals". Vídeo do HBR.org, 3 de janeiro de 2012. http://blogs.hbr.org/2012/01/develop-productivity-rituals/.

Pozen, Robert C. "Boring Is Productive". HBR.org, 19 de setembro de 2012. http://blogs.hbr.org/2012/09/boring-is-productive/.

"Rely on Routines to Free Your Mental Energy". *Harvard Business Review* Management Tip, 17 de fevereiro de 2014. http://hbr.org/tip/2014/02/17/rely-on-routines-to-free-your-mental-energy.

Schwartz, Tony. "A 90-Minute Plan for Personal Effectiveness". HBR.org, 24 de janeiro de 2011. http://blogs.hbr.org/2011/01/the-most-important-practice-i/.

_____. "The Only Way to Get Important Things Done". HBR.org, 24 de maio de 2011. http://blogs.hbr.org/2011/05/the-only-way-to-get-important/.

Trapani, Gina. "Organize Your Workspace for Maximum Productivity". HBR.org, 1º de junho de 2009. http://blogs.hbr.org/2009/06/organize-your-workspace-for-ma/.

Mantendo os bons hábitos

"Boost Your Productivity with Microbreaks". Ideacast do HBR.org, 5 de abril de 2012. http://blogs.hbr.org/2012/04/boost-your-productivity-with-m/.

Bregman, Peter. "The Unexpected Antidote to Procrastination". HBR.org, 10 de maio de 2013. http://blogs.hbr.org/2013/05/the-unexpected-antidote-to-pro/.

Halvorson, Heidi Grant. "How to Make Yourself Work When You Just Don't Want To". HBR.org, 14 de fevereiro de 2014. http://blogs.hbr.org/2014/02/how-to-make-yourself-work-when-you-just-dont-want-to/.

"Reward Yourself by Doing the Tasks You Hate". *Harvard Business Review* Management Tip. 1º de novembro de 2012. http://hbr.org/tip/2012/11/01/reward-yourself-for-doing-the-tasks-you-hate.

Schwartz, Tony. "Four Destructive Myths Most Companies Still Live By". HBR.org, 1º de novembro de 2011. http://blogs.hbr.org/2011/11/four-destructive-myths-most-co/.

Colabore de forma eficiente

Birkinshaw, Julian; Cohen, Jordan. "Make Time for the Work That Matters". *Harvard Business Review*, setembro de 2013.

Gallo, Amy. "Why Aren't You Delegating?" HBR.org, 26 de julho de 2012. http://blogs.hbr.org/2012/07/why-arent-you-delegating/.

Jay, Antony. "How to Run a Meeting". *Harvard Business Review*, março de 1976.

Saunders, Elizabeth Grace. "How Office Control Freaks Can Learn to Let Go". HBR.org, 23 de outubro de 2013. http://blogs.hbr.org/2013/10/how-office-control-freaks-can-learn-to-let-go/.

"Three Steps for Asking for Help without Looking Stupid". *Harvard Business Review* Management Tip. 26 de janeiro de 2010. http://hbr.org/tip/2010/01/26/three-steps-for-asking-for-help-without-looking-stupid.

CONHEÇA OS TÍTULOS DA
HARVARD BUSINESS REVIEW

10 leituras essenciais

Desafios da gestão
Gerenciando pessoas
Gerenciando a si mesmo
Para novos gerentes
Inteligência emocional
Desafios da liderança
Lições de estratégia
Gerenciando vendas
Força mental

Um guia acima da média

Negociações eficazes
Apresentações convincentes
Como lidar com a política no trabalho
A arte de dar feedback
Faça o trabalho que precisa ser feito
A arte de escrever bem no trabalho

Sua Carreira em 20 Minutos

Conversas desafiadoras
Gestão do tempo
Feedbacks produtivos
Reuniões objetivas
Finanças para iniciantes
Produtividade no trabalho

Coleção Inteligência Emocional

Resiliência
Empatia
Mindfulness
Felicidade

Para saber mais sobre os títulos e autores da Editora Sextante,
visite o nosso site e siga as nossas redes sociais.
Além de informações sobre os próximos lançamentos,
você terá acesso a conteúdos exclusivos
e poderá participar de promoções e sorteios.

sextante.com.br